LES

DRAPEAUX

DES INVALIDES

SOUVENIRS DE 1814

LES

DRAPEAUX

DES INVALIDES

PAR

AUGUSTE LALLEMAND

Archiviste honoraire aux Archives de l'Empire

PARIS

CHEZ AUGUSTE AUBRY, LIBRAIRE

Rue Dauphine, 16

1864

DRAPEAUX DES INVALIDES

Le 31 mars 1814, deux heures après que les armées coalisées eurent pénétré dans Paris, un aide de camp envoyé par l'empereur Alexandre se présenta à l'hôtel des Invalides ; il était accompagné d'un garde national à cheval et de quelques hommes d'escorte ; il franchit sans difficulté la grille d'entrée et se dirigea vers la cour d'honneur. A son approche, la sentinelle crie : *Aux armes !* La grand'-garde sort, croise les piques ; l'officier qui commande le poste déclare qu'il ne laissera point passer outre sans ordre supérieur (1). Le général Darnaud

---

(1) Ce n'était pas une bravade de la part de l'officier du poste ; il ne faisait qu'exécuter la consigne, qui interdit l'entrée de l'hôtel aux troupes armées.

et l'état-major arrivent ; ils parlementent avec l'aide
de camp, qui met pied à terre et est introduit dans
la partie ouest de la cour d'honneur. Tous ceux
qui étaient présents formèrent un cercle ; je me
trouvais près de lui et je pus entendre ce qu'il dit
au général : il venait de la part de l'empereur son
maître *pour prendre connaissance des bâtiments et
voir les étendards.* Le général lui répondit qu'il
allait lui faire voir l'hôtel, mais qu'*à l'égard des
drapeaux on en avait agi suivant les lois de la
guerre.* L'aide de camp ne parut pas comprendre
ce que cela signifiait ; la femme du général, qui
s'était mêlée au groupe, voulut placer quelques
mots, mais l'officier russe lui fit signe que ce n'é-
tait pas à elle qu'il s'adressait. Le général et les
personnes présentes à cette réception se dirigèrent
vers l'église ; elle était dépouillée de tous les drapeaux. Pour ceux qui l'avaient vue ornée de cette
magnifique décoration, elle n'était pas reconnais-
sable. Quelle était la cause de cette nudité ? qu'é-
taient devenus ces trophées, qui, la veille encore,
garnissaient toutes les corniches, les pilastres et les
tribunes de l'église et du dôme ?

Dans la nuit du 30 au 31 mars, on en avait fait
le sacrifice en les livrant aux flammes, dans la cour
d'honneur, devant un piédestal qui devait recevoir
la statue équestre du duc de Montebello. Il n'y eut

pas que les drapeaux qui furent consumés ; on brisa et on jeta dans le brasier le cordon de l'Aigle noire, l'épée et la ceinture du grand Frédéric. On sait que ces insignes et les drapeaux que portait la garde du roi durant la guerre de Sept ans avaient été religieusement conservés à Potsdam. Napoléon, vainqueur de la Prusse, fit transporter ces trophées en France (1). Je n'ai vu aucun

---

(1) INSIGNES DE FRÉDÉRIC LE GRAND, *25 octobre 1806*. — « Napoléon, qui a établi depuis la veille son quartier général « à Postdam, va visiter le tombeau du grand Frédéric. L'épée « du héros prussien, son grand cordon de l'Aigle noire, sa « ceinture de général et les drapeaux portés par sa garde « durant la guerre de Sept ans ornaient ce monument. L'empereur ordonne que ces dépouilles précieuses soient enlevées « pour être déposées à l'hôtel des Invalides à Paris. »

(Éphémérides du siècle, 25 octobre 1855.)

— « Deux cent quatre-vingts drapeaux conquis sur l'ennemi, « l'épée, la ceinture et les décorations du grand Frédéric sont « déposés en grande pompe à l'hôtel des Invalides. »

(Itinéraire de Napoléon, 25 octobre 1806, par M. PERROT.)

9ᵉ BULLETIN DE LA GRANDE ARMÉE. *Weimar, 17 oct. 1806.* — « On a dit dans le 5ᵉ Bulletin qu'on avait pris vingt-cinq à « trente drapeaux : il y en a jusqu'ici quarante-cinq au quartier général ; il est probable qu'il y en aura plus de soixante. « Ce sont des drapeaux donnés par le grand Frédéric à ses « soldats ; celui du régiment des gardes, celui du régiment « de la reine, brodé des mains de cette princesse, se trouvent « au nombre. »

(Correspondance de Napoléon Iᵉʳ, t XIII, p. 451.)

10ᵉ BULLETIN DE LA GRANDE ARMÉE. *Naumburg, 18 oct. 1806.*

document *officiel* qui indiquât le nombre de drapeaux envoyés à Paris avec les insignes de Frédéric. Il paraît que l'on a confondu dans cet envoi les trophées pris à Postdam avec ceux qui furent conquis sur le champ de bataille; ce qu'il y a de certain, c'est que l'on avait construit dans l'église des Invalides, au-dessous de l'orgue, une tribune en planches pour y placer par faisceaux les drapeaux apportés avec les insignes. Cette tribune a été démolie vers 1818.

L'empereur attachait un tel prix à l'épée et aux

— « Parmi les drapeaux qui ont été pris à la bataille d'Iéna, « il s'en trouve plusieurs des gardes du roi de Prusse, et un « des gardes du corps sur lequel la légende est écrite en « français. »

(Correspondance de Napoléon Ier, t XIII, p. 453.)

15e BULLETIN DE LA GRANDE ARMÉE. — « L'empereur a fait « présent à l'hôtel des Invalides, à Paris, de l'épée de Frédéric, de son cordon de l'Aigle noire, de sa ceinture de général, ainsi que des drapeaux que portait sa garde dans la « guerre de Sept ans. »

(Correspondance de Napoléon Ier, t. XIII, p. 516. — Histoire de Napoléon, par M. LAURENT (de l'Ardèche), p. 192.)

— « Le Sénat français voulut complimenter l'empereur; il « reçut en échange les drapeaux conquis dans cette glorieuse « campagne. Trois cent quarante drapeaux et étendards pris « à Iéna, ainsi que l'épée, l'écharpe, le hausse-col et le cordon « du grand Frédéric furent remis aux députés du Sénat conservateur, pour être placés par leurs soins aux Invalides. »

(L'Empereur Napoléon, tableaux et récits, etc., p. 112.)

insignes de Frédéric, que, déposés d'abord au château des Tuileries, ils furent ensuite donnés aux Invalides. A l'occasion de cette translation, il y eut grande cérémonie : cortége, chant guerrier dans l'église des Invalides, discours prononcé par M. de Fontanes, remise des trophées au maréchal Serurier par le maréchal Moncey, salve d'artillerie, et le soir illumination de l'hôtel des Invalides (1).

Sept années après une aussi brillante réception tous ces objets vénérés sont anéantis !

On n'avait pas eu d'abord le projet de détruire l'épée et les insignes de Frédéric; voici du moins ce qui peut le faire supposer : le 30 mars 1814, à une heure, je rencontrai dans le corridor d'Avignon le maréchal Serurier (2), gouverneur des Invalides, le général Darnaud, les adjudants-majors Fried et Vallerand ; ce dernier portait l'épée et les insignes. La présence de ces messieurs dans ce lieu assez retiré de l'hôtel, et l'heure qui était celle où la division des officiers, descen-

---

(1) L'exécution du chant a coûté 6,649 fr. Les travaux de charpente, de menuiserie, de serrurerie, de peinture et les honoraires d'architectes, 8,082 fr.

(*Archives de l'empire*, série F ʳ·ᶜ·, nᵒ 107.)

(2) On écrit de diverses manières le nom de Serurier ; l'orthographe que j'ai adoptée est prise sur les lettres autographes signées du maréchal.

dus alors au réfectoire pour le dîner, était le plus solitaire, m'ont toujours donné à penser que l'on avait caché ces insignes, soit dans la poudrière, soit dans quelque coin des jardins du général ou de l'intendant.

Peut-être aussi ont-ils eu l'intention que je leur prête, sans l'avoir réalisée, et ont-ils obéi à un ordre supérieur qui a décidé la destruction; ce que je puis affirmer, c'est que les faits que je viens de raconter sont de la plus grande exactitude; je les ai présents à la mémoire comme au lendemain des événements.

On a vu au Louvre un tableau de moyenne grandeur représentant cet épisode de notre histoire militaire; les rares témoins du *brûlement* des drapeaux étaient ressemblants : j'y ai reconnu M. Vallerand brisant l'épée et la jetant au feu.

Le 9 mars 1820, le maréchal Suchet duc d'Albuféra, prononçant à la chambre des pairs l'éloge funèbre du gouverneur des Invalides, dit : « A l'é-« poque de la première invasion des ennemis, « en 1814, le maréchal Serurier, voulant épargner « à l'armée française l'humiliation de voir enlever « les dépouilles victorieuses confiées à sa garde, à « l'exemple du régiment de Navarre, qui, en 1704, « déchira et enterra ses drapeaux, ordonna que « les quatorze cent dix-sept drapeaux et éten-

« dards pris sur les ennemis de la France dans
« toutes les parties du monde et qui étaient sus-
« pendus sous les voûtes du dôme, ainsi que l'épée
« et les décorations du grand Frédéric, fussent
« brisés et brûlés dans la principale cour de l'hô-
« tel, ce qui fut exécuté le 30 mars, à neuf heures
« du soir.

« Ainsi furent anéantis les trophées de Denain,
« de Fontenoy, de Jemmapes, de Fleurus, d'Ar-
« cole, d'Aboukir, de Zurich, de Marengo, de
« Hohenlinden, d'Austerlitz, de Wagram, de Tar-
« ragone, etc. Les cendres de ce glorieux bûcher
« furent, par ses ordres, précipitées du pont d'Iéna
« dans la Seine, afin d'en dérober à l'ennemi jus-
« qu'aux moindres vestiges. »

Je ne sais où l'orateur a puisé ces renseignements; ce qu'il a dit renferme quelques inexacti-
tudes que je crois devoir relever. Le nombre de
quatorze cent dix-sept drapeaux ne se trouve men-
tionné dans aucun document; mais on possède
aux archives de l'hôtel des Invalides un certificat
rédigé en 1830, seize ans après l'événement. Il est
signé de témoins oculaires que j'ai connus : le
major Cazeaux, les adjudants Fried, Vallerand,
Dauthier et l'architecte Bartholomé. Ces messieurs
attestent que quinze à seize cents drapeaux ont

été livrés aux flammes dans la nuit du 30 au 31 mars 1814. La même pièce apprend que les cendres ont été portées dans la Seine, en face de l'hôtel. Le certificat ne fait mention ni de l'épée ni des insignes de Frédéric; ne serait-ce pas une omission volontaire? En juin 1815, on retira de la rivière des lances et des sabots trouvés au lieu indiqué par le certificat, et non pas au pont d'Iéna, comme le dit le maréchal Suchet.

Les trois chiffres énonçant le nombre de drapeaux brûlés ne concordant pas entre eux, je m'arrête à celui de quinze cents, qui est déjà très-respectable et me paraît, d'après mes souvenirs, peu éloigné de la vérité.

Nous allons maintenant jeter un coup d'œil sur l'importance vénale que pouvaient présenter les débris de ces trophées; d'après les renseignements que j'ai recueillis, on va voir qu'il y en avait pour une certaine valeur.

Il est permis de supposer que chaque drapeau ou étendard était surmonté soit d'une lance, soit d'un emblème quelconque, suivant la nation, puis, qu'il était garni dans le bas d'un sabot, ce qui ferait trois mille pièces de bronze ou de cuivre. Le poids moyen de chacune de ces pièces peut être évalué à 150 grammes : cela donne 450 kilogrammes; on peut admettre, terme moyen, que chaque drapeau était fixé à la hampe par trente clous en cuivre doré, ensemble, quarante-cinq mille clous pesant 1 gramme chacun : cela produirait un poids de 45 kilogrammes. Voilà donc environ 495 kilogrammes de bronze qui valaient 2 fr. 50 c. le kilogramme (1), soit 1,237 fr. 50 c. Ces cuivres étaient dorés; on estime que la fonte aurait pu produire au moins un demi-gramme d'or par pièce, ce qui ferait 1,500 grammes à 2 fr. 50 c., soit 3,750 fr. On peut dire, sans exagération, que la moitié de ces drapeaux (sept cent cinquante) étaient brodés et galonnés en or; d'après les renseignements que j'ai pris, le produit de la fonte de chaque drapeau doit être estimé au moins 15 fr., soit 11,250 fr. En réunissant ces trois sommes, on trouve un chiffre de 16,238 fr.; ce calcul est au-dessous de la réalité.

Ainsi, sans parler de la valeur historique, inappréciable ! on aurait jeté dans la rivière une somme assez forte. Il est à croire que quelques industriels, qui auront eu connaissance de ce désastre, ont repêché sans peine de petits lingots d'or et d'argent et quantité de cuivre; je dis sans peine,

---

(1) Le 31 mars 1814, le vieux cuivre valait 3 fr. le kilogramme; le lendemain, 2 fr. 50 c. (levée du blocus continental). J'ai adopté le prix le plus bas.

parce que ces cendres ont dû être jetées au bord de l'eau ; à l'époque même, le bruit a couru qu'elles avaient été achetées par un invalide, alors crieur dans les ventes, et qui n'était connu que sous le nom de *Grand-Nez*.

Le duc d'Albuféra dit, dans son éloge funèbre, que le maréchal Serurier ordonna de brûler les drapeaux confiés à sa garde; il me paraît presque impossible que le gouverneur ait pris une si grande responsabilité : ce qui me porte à en douter, c'est que, pendant la journée du 30 mars 1814, on amena aux Invalides, dans un fourgon, des drapeaux que l'on disait être ceux qui avaient été déposés à Notre-Dame. Ne voulant pas énoncer ce fait sans m'en être bien assuré, je me suis adressé à M. l'abbé Lequeux, chanoine et archiviste du chapitre, qui a bien voulu me transmettre le résultat de ses recherches :

« *Extrait des registres du chapitre métropolitain*
« *de Paris.* — Le jeudi 31 mars 1814, immédiate-
« ment avant l'heure de matines (sept heures du
« matin), assemblée extraordinaire convoquée par
« S. Em. Mgr le cardinal Maury, administrateur
« capitulaire, le siége vacant.

« Son Éminence a donné communication d'une
« lettre écrite par ordre de M. le préfet de la Seine

« (de Chabrol) et signée du chef de la première
« division, dont voici la teneur :

« Par ordre de M. le préfet, je charge M. La
« Pierre de se transporter sur-le-champ à l'archevê-
« ché, et d'inviter S. Em. Mgr le cardinal à vouloir
« bien faire enlever tout de suite les drapeaux qui
« sont appendus aux voûtes du chœur de l'église
« cathédrale.

« 31 mars, trois heures du matin.

« *Signé :* Villemsens, chef de la 1re division. »

« Son Éminence a informé le chapitre qu'elle
« s'était conformée à cette invitation et que les
« drapeaux avaient tous été enlevés. »

La date du 31 mars ne concorde pas avec mes
souvenirs. Les drapeaux envoyés aux Invalides
dans la journée du 30 ne pouvaient donc être ceux
de Notre-Dame. Cependant il en est arrivé dans
un fourgon, et en ma qualité d'enfant de la maison
j'ai aidé à porter ces trophées du fourgon dans un
petit vestibule de l'église.

J'ai eu recours à l'obligeance de MM. les archi-
vistes de l'Hôtel-de-Ville de Paris, pour savoir si
par l'ordre donné à M. La Pierre il n'y avait pas
eu de destination assignée à ces drapeaux ; on n'a

absolument rien trouvé, pas même la mention de la lettre adressée au cardinal Maury.

Les drapeaux qui étaient à Notre - Dame ont pu être transportés aux Invalides le 31 mars, à l'aube du jour, et subir le même sort que les autres ; mais comment admettre que M. le préfet ait décidé la destruction des quarante-cinq drapeaux conquis à Austerlitz et déposés à Notre-Dame (1), quand il a conservé les huit de Wertingen, qui sont encore aujourd'hui à l'Hôtel-de-Ville ?

Le duc d'Albuféra, qui attribue au maréchal Serurier la résolution de détruire par le feu les reliques militaires confiées à sa garde pour les soustraire à l'ennemi, n'a peut-être pas su la vérité, parce qu'on a eu intérêt à la lui cacher. Aujourd'hui, les témoins oculaires manquent ; MM. de Chabrol, Villemsens et La Pierre, qui auraient pu fournir de précieux renseignements sur l'enlève-

____

(1) L'empereur, en faisant don de ces drapeaux à la cathédrale de Paris, écrivit une lettre de son *palais de Brünn*, le 20 frimaire an XIV, au cardinal Maury :

« .... Nous avons ordonné, en conséquence, qu'ils vous « soient adressés, pour la garde en être confiée à votre cha- « pitre métropolitain. Notre intention est que, tous les ans, « audit jour, un office solennel soit chanté dans ladite métro- « pole, en mémoire des braves morts pour la patrie dans cette « grande journée.... *Signé*, NAPOLÉON. »

(*Moniteur* du 4 nivôse an XIV, p. 361.)

ment des drapeaux de Notre-Dame, ne sont plus. En l'absence de preuves, j'aime mieux supposer que des ordres ont été donnés verbalement, et cela pour éviter toute responsabilité ; enfin, il faut le dire aussi, dans ce moment de trouble, il n'y avait plus d'administration.

Une lettre du ministre de la guerre Clarke, adressée au maréchal Serurier le 30 mars 1814 et conservée dans un dépôt public, renferme ces mots : « Votre Excellence peut se retirer où elle voudra, la route de la Loire est libre ; votre choix est peut-être déjà fait pour Avignon (1)? Dans tous les cas, vous donnerez des ordres au général Darnaud (2) pour le gouvernement de l'hôtel et la conservation des trophées que Sa Majesté vous a confiés. »

On ne peut pas supposer que Serurier, brave soldat, voulût se retirer des Invalides au moment où sa présence pouvait y être nécessaire ; des motifs honorables lui avaient seuls fait prendre cette détermination. D'anciens militaires, qui étaient aux Invalides à l'époque de 1814, me disaient, lors de

---

(1) Il y avait dans cette ville une succursale de l'hôtel des Invalides.

(2) Le maréchal Serurier ne donna pas suite à son projet de quitter l'hôtel des Invalides ; il était au Sénat le 2 avril.

ma dernière visite à l'hôtel, qu'il avait été question d'envoyer les trophées à l'armée du Midi. Je me demande si le fourgon qui est arrivé aux Invalides dans la journée du 30 mars n'indiquerait pas un commencement d'exécution de ce projet de sauvetage, et si, n'ayant pas pu réussir à passer, ce fourgon n'aurait point ramené aux Invalides les drapeaux qu'il y avait pris?

Je trouve cette idée de destruction si malheureuse que je voudrais ne laisser retomber le blâme que sur ceux qui en furent vraiment coupables.

Les dépouilles mortelles des braves Bessières, Duroc, Éblé, Lariboisière et Baraguey-d'Hilliers, morts tous cinq dans les premiers mois de **1813**, étaient dans une chapelle du dôme, en attendant qu'on leur fît de dignes funérailles. Les circonstances ne permirent pas de se conformer au vœu de l'empereur. J'ai vu descendre les cercueils dans le caveau de l'église, le 29 ou le 30 mars. Pourquoi n'avoir pas caché dans ce caveau une partie des drapeaux, comme le fit M. de Sémonville pour ceux qui étaient au Sénat (1)? Il est vrai que le général Darnaud n'aurait pas pu répondre avec

______

(1) Les quarante drapeaux qui étaient dans la salle du Sénat ornent maintenant le reliquaire napoléonien au tombeau de l'empereur.

assurance : « *qu'à leur égard on en avait agi suivant les lois de la guerre.* »

De mai 1806 à janvier 1810, le Corps législatif reçut solennellement cent dix drapeaux, la plupart pris sur les Espagnols. Ces drapeaux étaient conservés dans la salle des séances et ne furent en partie rendus qu'à la seconde invasion [1815]. La moitié fut soustraite aux recherches par le dévouement intelligent du garçon de bureau Mathieu (1). Qui empêchait de faire aux Invalides ce qu'on fit au Sénat, au Corps législatif et à l'Hôtel-de-Ville?

Le 31 mars au matin, lorsque j'appris l'événement de la nuit, j'allai dans la cour où avait eu lieu l'incendie et je trouvai, dans le sable encore brûlant, une pique pleine, de 13 cent. de long, à trois faces en cuivre, à demi-consumée, et qui en raison de son peu de volume avait échappé au tombereau ; je la ramassai, et je la conservai comme une relique de nos gloires militaires.

Le 10 juillet 1837, j'offris cette pique à la compagnie de grenadiers du 1ᵉʳ bataillon de la 7ᵉ légion de Paris pour en orner son guidon ; elle l'accepta et fit graver sur les trois faces une inscription qui en rappelle l'origine historique.

---

(1) Vers 1836, on les fit sortir de leur cachette et placer dans la salle des Conférences, où ils décorent aujourd'hui la statue d'Henri IV.

Le 25 mars 1848, après la suppression des grenadiers, le conseil de la compagnie me remit le guidon, que je possède encore aujourd'hui; je serais heureux qu'après moi une place honorable fût réservée à ce petit monument, et que, si aux Invalides on se décidait à réunir les quelques autres débris trouvés dans la Seine en une panoplie, on fît rentrer le mien dans son ancienne collection (1).

Qu'il me soit permis d'indiquer comment j'ai été témoin des faits que je viens de raconter. La Révolution, qui n'avait pu se faire sans bouleverser toutes les positions, toutes les fortunes, avait peuplé les Invalides d'anciens serviteurs de la monarchie. Les officiers en retraite ne recevaient pas leur pension ou étaient payés en assignats. Un tel dénuement les forçait à se réfugier dans l'hôtel fondé par Louis XIV, quoique à cette époque le régime n'y fût pas des meilleurs, car tous les grades y étaient confondus. Habillement, nourriture du colonel et du soldat étaient les mêmes. C'est Napoléon qui, par un décret du 25 mars 1811, fit cesser cet état de choses et rétablit l'hôtel sur le pied où on le voit aujourd'hui. Un des officiers supérieurs

---

(1) Cette pique paraît avoir appartenu à un régiment de cavalerie; quelques vieux militaires à qui je l'ai montrée la croient autrichienne.

qui résidaient aux Invalides était mon parent, et je suis resté avec lui jusqu'en 1816, époque de sa mort. Parmi ceux qui s'y trouvaient en même temps, je puis citer quelques noms qui sont demeurés dans ma mémoire : colonels, MM. Dubreuil-Hélion, de Perdiguier ; chefs de bataillon, MM. de Saint-Alembert, oncle de M. Jacquinot-Pampelune ; Le Voyard d'Ardenselle ; Montmorin-Saint-Herêm, neveu du ministre, et dont l'impératrice Joséphine faisait élever la fille à ses frais ; de Charmond, oncle du ministre Regnaud de Saint-Jean-d'Angély ; Resville de Morlet (cinquante-six ans de service, vingt campagnes), oncle du général d'artillerie Legendre ; capitaines, de Champeau de Grammont ; Leroy du Vallon ; Grouchet de Soquence ; Debusne, l'honnête et brave officier de gendarmerie qui, pendant dix jours, fut à la Conciergerie le gardien de Marie-Antoinette (1).

---

(1) « La reine avait alors pour la garder dans sa chambre « l'officier de gendarmerie Debusne, qui fut remplacé dès le « lendemain matin, et depuis persécuté pour avoir, à la pre- « mière partie des débats, présenté respectueusement son bras « à la reine, afin de la soutenir, lorsque, épuisée de fatigue, « elle avait demandé à boire un verre d'eau. »

(E. CAMPARDON, *Marie-Antoinette à la Conciergerie*, p. 203, renvoi n° 2.)

Capitaine adjudant-major aux Invalides et chevalier de la Légion d'honneur en 1810, il mourut le 27 décembre 1814.

On vend à la porte des Invalides un petit volume ayant pour titre : *Visite à l'hôtel des Invalides.* L'auteur, qui a gardé l'anonyme, appartient probablement à l'armée ; cela se reconnaît à la manière dont il parle de la perte des trophées et au sentiment pénible qu'il éprouve de cet acte inconsidéré. Je me félicite que mes impressions se soient trouvées d'accord avec les siennes ; nous nous sommes rencontrés aussi pour quelques citations.

L'auteur de la *Visite à l'hôtel des Invalides* n'a pas été plus heureux que moi en ce qui touche les drapeaux de Notre-Dame. Il est à regretter que l'on n'ait pas su le nom de la personne qui, en 1829, remit aux Invalides un drapeau qu'elle a prétendu être un de ceux dont jusqu'au matin du 31 mars 1814 la cathédrale était ornée. J'ai lu aussi dans cet intéressant opuscule que l'on avait eu sous l'Empire le projet de mettre dans la cour d'honneur les quatre chevaux de bronze apportés de Venise et qui, jusqu'en 1815, couronnaient l'arc de triomphe du Carrousel ; je me rappelle cette circonstance, j'ai vu ces chevaux aux Invalides et de plus le lion de Saint-Marc, qui fut déposé dans le corridor de la lingerie pendant le temps que l'on construisait au milieu de l'esplanade la fontaine sur laquelle il est resté jusqu'en 1815.

Tels sont, en résumé, les souvenirs que j'ai

gardés du triste événement qui a privé la France de ses trophées, monument unique au monde, éclatants témoins des gloires de trois siècles. Les faits qui se sont alors accomplis sous mes yeux sont souvent l'objet des récits ou des commentaires les plus inexacts ; en écrivant ces lignes, j'ai cédé au désir de rectifier des erreurs accréditées, de suspendre au besoin des jugements accusateurs, et d'exposer dans leur véritable caractère les regrets d'une génération qui a longtemps porté le deuil de la patrie.

Auguste LALLEMAND,
Archiviste honoraire aux Archives de l'Empire.

Mai 1864.

ÉVREUX, A. HÉRISSEY, IMP. — 964.